PROJET DE LOI

SUR LA

DÉFENSE DES COLONIES

Messieurs,

Le Rapporteur du Budget des Colonies de 1891 s'exprimait en ces termes, au sujet des troupes coloniales :

« Quand le pays, dans un admirable mouvement de patriotisme,
« accepta le service obligatoire, en contradiction avec nos mœurs et les
« exigences de la civilisation moderne, il ne vint à l'esprit de personne
« que les troupes métropolitaines seraient employées, au delà des mers,
« à la défense d'intérêts dont beaucoup de nos compatriotes ne compren-
« nent et ne comprendront jamais l'importance. »

Un vote récent du Sénat, rendu sur la proposition de l'honorable M. Margaine, vient de fixer la doctrine, en décidant que « l'armée colo-niale serait composée uniquement de rengagés et, à défaut, d'engagés volontaires. » Du reste, les autres puissances européennes ont adopté ce principe. Si l'Angleterre emploie ses troupes métropolitaines dans ses établissements d'outre-mer, c'est qu'elles sont recrutées à prix d'argent ; la loi hollandaise interdit d'envoyer des citoyens aux Indes-Néerlan-daises sans leur assentiment ; de même en Allemagne pour les posses-sions d'Afrique, orientale ou occidentale.

Dans notre pays, tout le monde est d'accord sur ce point : Opinion publique, Parlement, Gouvernement. Mais quand il s'agit d'arrêter des textes, la discussion s'égare, l'entente disparaît et, de crainte de compromettre le fonctionnement d'autres services ou des droits acquis, nous n'aboutissons pas.

M. le général Billot, Président de la Commission du Sénat, fait remarquer avec raison que l'organisation de l'armée nationale est une œuvre essentielle et des plus compliquées ; si le Ministre, comme le porte le projet de loi, avait dans ses attributions la défense des Colonies, une notable partie de son temps serait absorbée par des intérêts secondaires; il se trouverait au Parlement exposé, sur des incidents de détail, à des échecs retentissants d'où son autorité morale sortirait amoindrie.

L'État-Major général reconnaît que le Département de la Guerre est seul en mesure de recruter les garnisons coloniales et de fournir les réserves nécessaires en cas d'expédition. Il se chargerait volontiers de l'infanterie et de l'artillerie de marine pour en former un vingtième corps, mais se refuse à fondre ces deux armes dans les troupes nationales, de peur d'encombrer ses cadres d'officiers supérieurs très jeunes de grade et de retarder ainsi l'avancement. A cela on objecte qu'il serait irrationnel de rompre l'homogénéité de nos forces militaires et ce n'est pas au moment où la péréquation des soldes vient d'être établie, que le Parlement créera, en France, des corps spéciaux avec primes; nos institutions politiques ne le permettent pas. Nous croyons inutile d'insister sur les conséquences fâcheuses et périlleuses d'un semblable régime.

En acceptant la responsabilité de la défense des colonies, le Département de la Guerre demande l'entière administration de ses troupes. Mais le Sous-Secrétariat d'État répond que ces prétentions sont inacceptables, que l'unité de pouvoirs indispensable dans les pays de domination, cesserait d'exister; que les commandants militaires, certains d'être soutenus par leurs chefs, leurs camarades et leurs subordonnés se soumettraient difficilement à l'autorité civile; que les conflits, déjà trop fréquents avec l'infanterie de marine, se multiplieraient et revêteraient un caractère de gravité exceptionnelle. Cependant les Anglais, nos maîtres incontestés en matière coloniale, pratiquent cette organisation et ne s'en plaignent pas; il leur a suffi de promulguer des règlements fixant les pouvoirs de chacun et de veiller à leur exécution.

Par respect pour les institutions de Richelieu et en souvenir des compagnies franches embarquées à bord des vaisseaux, au siècle dernier, on a réclamé le maintien des troupes coloniales à la marine. Une pareille solution serait aussi contraire aux intérêts de la flotte qu'à ceux des Colonies et de la Défense nationale. Ce département emprunte ses soldats à l'armée et devra lui demander la majorité des rengagés. En réalité, seuls ses officiers lui appartiennent et pour assurer la relève il est obligé d'entretenir en France trois unités contre deux aux colonies, donnant un total de 1.425 officiers d'infanterie. Afin de les occuper dans la métropole, il a formé huit régiments qui, avec les réserves, enlèvent à la défense nationale près de 100.000 hommes, n'ayant, quoique d'origine identique, ni la même instruction, ni la même discipline. Pour envoyer un renfort aux colonies, pour changer une garnison, il faut puiser dans toutes les compagnies de l'arme; d'où cette plaisanterie que dans la marine l'unité tactique n'est ni la brigade, ni le régiment, ni le bataillon, ni la compagnie, ni la section, mais l'individu. C'est dans ces conditions que sont menées au feu, parfois le lendemain de leur débarquement, les troupes dont les officiers et les soldats ne se connaissent pas. Si une expédition s'impose, le concours de la Guerre devient indispensable.

En ce qui touche la marine *navigante*, sa tâche est déjà assez lourde, par suite des transformations incessantes du matériel, pour qu'elle ne se charge pas d'opérations accessoires qui ne sont pas de sa compétence, et la détourneraient de son objectif principal. Son rôle n'est pas de défendre nos possessions, mais bien de se rendre maîtresse de la mer; tel doit-être son programme, et rien ne saurait l'en détourner. S'il lui faut des abris ou des relais de charbon, dont jusqu'ici elle ne s'est pas suffisamment préoccupée, le Département des colonies qui a un intérêt essentiel à maintenir la liberté de ses communications, lui donnera satisfaction, et on ne saurait contester sa bonne volonté, car c'est à lui qu'est dû le programme de défense, voté par la Chambre en 1890. Vainement invoquerait-on la nécessité de réunir dans la même main, le commandement des forces de terre et de mer, employées à l'extérieur. L'argument se retournerait contre ses auteurs et sa conséquence, s'il était admis, serait la création d'un Ministère de la défense nationale, œuvre trop vaste pour être menée à bien, en cas de revers.

· Si depuis vingt ans, toutes les propositions d'organisation ont échoué, si nous tournons dans un cercle vicieux, c'est que la question a été mal posée, ou qu'elle est trop complexe pour être résolue par une seule formule. Nous sommes donc conduits à étudier la défense des colonies, dans ses divers éléments.

1er GROUPE

La Martinique	175.000 habitants
La Guadeloupe.	165.000 —
La Guyane	30.000 —
Total	370.000 habitants

Ces colonies sont de droit commun et soumises à la loi du 15 juillet 1889 sur le recrutement de l'armée. Il est donc naturel de les placer, comme la Corse et l'Algérie, sous l'autorité du Ministre de la Guerre. L'intervention actuelle du Département de la Marine ne s'explique que par la tradition, bien que depuis 1848 la suppression de l'esclavage et l'établissement des communications à vapeur eût modifié entièrement la situation.

Le tableau ci-dessous donne la composition des garnisons :

		MARTINIQUE	GUADELOUPE	GUYANE	TOTAL
Gendarmerie....	Officiers....................	5	5	3	13
	Sous-officiers et soldats . .	163	173	67	403
Artillerie........	Officiers................	16	10	8	34
	Sous-officiers et soldats...	187	72	34	293
Infanterie.......	Officiers................	13	5	10	28
	Sous-officiers et soldats...	480	150	332	962
Disciplinaires ..	Officiers................	3	2	»	5
	Sous-officiers et soldats...	130	95	»	225
	Total................	997	512	454	1.963

Se décomposant en 1.881 sous-officiers ou soldats et 80 officiers dont la relève exige en France 120 officiers, soit un total de 200 officiers ou un officier par 10 hommes.

La gendarmerie continuerait à être fournie par le Département de la Guerre.

Pour l'artillerie 293 hommes, la moitié serait envoyée de France, l'autre moitié recrutée sur place enverra 150 hommes environ. Au lieu de 85 officiers — 34 présents, 51 en France — une trentaine suffiraient.

Un régiment d'infanterie à 3 bataillons se composerait des contingents locaux ; ceux de la Martinique iraient à la Guadeloupe et à la Guyane ; ceux de la Guadeloupe et de la Guyane à la Martinique.

Les officiers ainsi que les deux tiers des sous-officiers (rengagés) seraient envoyés d'Europe.

Durée du séjour trois années.

Des services réguliers à vapeur (Compagnie Transatlantique) assurent les communications.

Les contingents de chaque classe permettraient de constituer un régiment de 3.000 hommes et une réserve d'une douzaine de mille hommes, force redoutable dans la mer des Antilles, bien supérieure aux disponibilités de l'Angleterre.

2ᵉ GROUPE

La Réunion . . . .   165.000 habitants.
Diégo-Suarez . . . .   15.000   —
Nossi-Bé . . . .   10.000   —
Mayotte . . . .   10.000   —
Sainte-Marie-de-Madagascar . . . . .   5.000   —

Total . . . .   205.000   —

La Réunion se trouvant dans des conditions identiques à celles des Antilles, passerait également sous l'autorité du Ministre de la Guerre. Cette colonie pourrait fournir une partie de la garnison de Diégo-Suarez.

Actuellement les effectifs sont de :

		RÉUNION	DIÉGO	TOTAL
Gendarmerie	Officiers	4	. . . .	4
	Sous-officiers et soldats.	152	. . . .	152
Artillerie	Officiers	9	15	24
	Soldats.	67	224	291
Infanterie	Officiers	14	15	29
	Soldats	478	528	1.006
Tirailleurs sakal.	Officiers	. . . .	3	3
	Soldats	. . . .	150	150
Tirailleurs assouas.	Officiers	. . . .	3	3
	Sous-officiers et soldats.	. . . .	150	150
Compagnie de discipline.	Officiers	. . . .	4	4
	Soldats	. . . .	234	234
	TOTAL	724	1.329	2.053

Se décomposant en 1.986 sous-officiers ou soldats et 67 officiers, dont la relève exige en France 100 officiers, soit un total de 167 officiers, ou un officier pour 19 hommes.

La gendarmerie continuerait à être fournie par le Département de la Guerre. Pour l'artillerie, 291 hommes, la moitié serait envoyée de France, l'autre moitié recrutée à la Réunion.

Un régiment d'infanterie serait composé de 2 bataillons français,

provenant du recrutement local et d'un bataillon de tirailleurs saka-
laves, comoréens et macouas. Les officiers, ainsi que les deux tiers des
sous-officiers rengagés seraient envoyés d'Europe.

Durée du séjour : 3 années.

Des services réguliers à vapeur (Compagnies des Messageries
maritimes) assurent les communications.

Les contingents de chaque classe et les engagements volontaires
d'indigènes permettraient de constituer un régiment de 2.500 hommes
et une réserve d'une dizaine de mille hommes. Nous disposerions ainsi
sur place, en cas de guerre avec Madagascar, d'environ 6.000 hommes
déjà acclimatés.

Jamais la France n'a disposé de pareilles forces dans la mer des
Indes.

COLONIES ÉPARSES

Saint-Pierre et Miquelon.

C'est avec raison qu'en 1891, le Sous-Secrétariat d'État a débarrassé
cette station de pêche d'une Compagnie de discipline qui démoralisait
la population.

Obock.

En temps de guerre la mer Rouge nous serait fermée. Inutile d'entretenir une garnison qui serait enlevée dès le début des hostilités par
la flotte de l'Inde et les troupes d'Aden. Depuis 1891 les 31 fantassins et
les 25 ouvriers d'artillerie de la garnison ont été remplacés par des Sou-
danais.

Inde.

L'armée anglaise se compose de 75.000 Européens et de 145.000 Indigènes, ensemble 220.000 hommes. Nous entretenons à Pondichéry
223 cipahis et 1 artilleur. C'est ridicule. Si le Gouvernement, par respect
de glorieux souvenirs, croit nécessaire de donner le commandement de
ces milices à des officiers français, il lui sera facile de trouver de vieux

capitaines qui accepteront avec plaisir cette situation de tout repos, en attendant la liquidation de leur retraite.

Taïti.

Tant que le port Phaïtien ne sera pas fortifié et les crédits du chapitre XV ne permettant pas d'entreprendre les travaux avant de longues années, la garnison de Taïti n'a pas de raison d'être. Les 11 officiers d'artillerie avec 92 hommes et les 4 officiers d'infanterie, avec 150 soldats seraient cueillis dès la déclaration de guerre par la moindre division navale.

N'est-il pas excessif d'employer, avec la relève, 37 officiers pour 242 hommes, soit 1 officier pour 6 hommes. Les 40 gendarmes, dont 1 officier, suffiraient.

Au budget de 1891, la suppression des troupes avait été décidée sur la proposition même du Sous-Secrétariat d'Etat. Mais le vote ne fut pas ramené à exécution, par suite de réclamations du Gouverneur qui déclara avoir besoin des forces européennes. Pourquoi alors avoir donné la qualité de citoyens français et le droit aux Canaques dont la soumission ne serait pas assurée, à en croire les autorités locales. Une milice encadrée par des Européens coûtera moins cher et rendra plus de services. Dans le cas où une démonstration militaire serait nécessaire, la division de l'océan Pacifique en serait chargée.

Nouvelle-Calédonie.

62.000 habitants.

Au cas d'une guerre avec l'Angleterre, la seule que nous ayons à redouter dans les mers lointaines, les Australiens (40 millions d'habitants d'origine européenne) se rueraient sur notre colonie pénitentiaire qui rappelle trop leurs origines. La Grande-Bretagne voulut-elle, à la conclusion de la paix, nous restituer notre possession, qu'elle n'y parviendrait pas ; ses sujets plutôt que de se soumettre briseraient les derniers liens qui les attachent à la Métropole.

Aussi la Nouvelle-Calédonie est-elle destinée à nous échapper, si la France ne se décide pas à construire des fortifications de premier ordre et à les défendre avec de nombreuses troupes. Provisoirement notre garnison sert principalement à maintenir les forçats dans la soumission et puisque la Métropole juge utile de se débarrasser de ses condamnés, il lui appartient de les garder. C'est donc une charge qui appartient à l'armée nationale. Du reste, le climat est excellent et les rébellions ne sont plus à craindre. Afin que nos soldats ne se laissent pas démoraliser au contact pernicieux des criminels, le séjour serait de deux années. Ces troupes fournies par le 15° corps, recevraient la solde et les vivres dont bénéficie actuellement l'infanterie de marine ; les volontaires seraient nombreux, car aujourd'hui beaucoup de jeunes gens désirent faire un voyage autour du monde, plutôt que de s'immobiliser dans une petite ville.

Les effectifs sont de :

Gendarmerie : officiers.	4	déjà fournis
Troupe	127	par la Guerre.
Artillerie : officiers.	11	
Troupe.	159	
Infanterie : officiers	27	
Troupe.	922	
Ensemble.	1.250	
Dont officiers	52	
Troupe.	1.198	

COLONIES DE DOMINATION

Indo-Chine.

La Grande-Bretagne avec une armée essentiellement coloniale dont les garnisons métropolitaines ne sont que les réserves a dû former un cadre spécial pour ses troupes indigènes de l'Inde. Grâce à cette organisation la proportion des Européens aux natifs a pu être abaissée à 0.8 0/0, tandis qu'en Indo-Chine, elle atteint 8.3 0/0. Cependant les régiments d'infanterie sont superbes et d'une grande solidité. Mais les officiers anglais parlent la langue de la troupe et les nôtres fraîchement débarqués, ignorant les mœurs, les coutumes, les préjugés du pays, ne peuvent communiquer avec les natifs que par l'intermédiaire d'interprètes, toujours voleurs et menteurs, parfois traîtres, qui exploitent leurs compatriotes et nous aliénent la population par leurs exactions et des actes de cruauté commis en notre nom. Au moment du combat, pour enlever leurs hommes, les chefs blancs doivent se lancer en avant et ne sont pas toujours suivis. Ainsi s'expliquent les surprises dont nous sommes victimes et les pertes énormes que nous éprouvons. Les gardes civils, moins bien commandés, mais fortement encadrés, obtiennent de meilleurs résultats, parce que les inspecteurs parlent un peu l'annamite.

Avec un pareil système, la guerre revêt un caractère de férocité indigne d'une nation civilisée et nous ne parviendrons à rétablir la sécurité, même dans le Delta, qu'en décimant la population.

De toute nécessité, il faut revenir aux principes de la domination qui exigent que le dominateur entre en relations directes avec ses sujets. Nos officiers n'y parviendront et n'apprendront la langue qu'à la condition de former un corps spécial.

Quant aux troupes blanches, puisque nos institutions militaires et politiques ne nous permettent pas d'envoyer à l'intérieur des troupes de la défense nationale sans compromettre la mobilisation, et que les jeunes soldats du contingent ne sauraient supporter le climat, nous sommes conduits à suivre la méthode hollandaise, à constituer une petite armée locale.

Infanterie.

Nos effectfs normaux se composent :

de 3 régiments d'infanterie de marine à . . .	1 bataillon.
de 1 régiment de tirailleurs de Cochinchine à.	3 —
de 3 régiments de tirailleurs tonkinois à . . .	10 —
7 régiments.	**14 bataillons.**

Comprenant :

Officiers.	550 hommes
Sous-officiers blancs.	1.200 —
Soldats blancs	4.400 —
Indigènes.	13.600 —
Total de l'infanterie.	19.750 hommes

Avec un cadre de 550 officiers et de 1.200 sous-officiers, auxquels il y a lieu d'ajouter environ un quart pour congés, soit 630 officiers et 1.500 sous-officiers, l'avancement peut fonctionner régulièrement (1).

____

(1) Dans l'Inde, le cadre des Européens, officiers et non commissionnés officiers n'est que de 1.729.

Après 24 ans et avant 30 ans, les sous-lieutenants ou lieutenants et les sous-officiers d'infanterie rengagés, de l'armée nationale, seraient admis, sur leur demande, dans l'armée indo-chinoise, avec un congé de trois ans. A l'expiration de ce délai, ils devraient justifier de la connaissance de la langue annamite. Faute de le faire, ils rentreraient dans leur corps d'origine.

Ces dispositions sont nécessaires pour n'avoir que des officiers et sous-officiers instruits, possédant la tradition militaire française, suffi· samment âgés pour supporter le climat et sachant se faire comprendre de leurs hommes.

L'ancienneté compterait du jour de l'admission définitive, et l'avancement aurait lieu exclusivement dans l'arme, sous le régime de la loi de 1834. La retraite s'acquérerait à quarante ans d'âge, après vingt ans de service, dont dix au moins dans la Colonie.

Dans ces conditions, avec un congé de six à huit mois tous les trois ans, et la possibilité de permuter de la Cochinchine au Tonkin, les officiers résisteraient aisément et conserveraient leur vigueur physique et morale.

Après quinze années de service, les sous-officiers auraient droit à une pension proportionnelle égale au 15/20 du minimum de la pension de leur grade, s'ils comptaient dix ans de Colonie ; de 15/25 seulement, s'ils ne remplissaient pas cette dernière condition. Article 63, de la loi du 15 juillet 1889.

Les soldats des troupes blanches, seraient recrutés avec prime, de l'âge de vingt-quatre ans à celui de trente ans, pour une période de trois années, non comprise la durée du voyage d'aller et de retour, à l'expiration de leur engagement, ils seraient rapatriés et licenciés ; ils pourraient contracter un second engagement, après un séjour minimum d'une année en France.

Artillerie.

Les effectifs, peut-être exagérés (160 officiers pour 1.200 hommes, soit 1 officier pour 8 hommes) sont trop peu nombreux pour constituer une arme spéciale et assurer un avancement régulier. Les officiers manqueraient d'entraînement et ne se tiendraient pas au courant des transformations incessantes de l'artillerie. D'autre part, ils n'ont pas besoin de parler l'annamite puisqu'ils ne commandent pas les colonnes, ne participent qu'aux grandes opérations militaires et n'ont pas de rapports directs avec les indigènes. Il faudra donc demander au Département de la Guerre les 6 ou 8 batteries nécessaires. Ce ne sera pas une innovation ; pendant 20 ans, il a fourni les officiers du génie, et fournit encore la totalité de la gendarmerie.

Réserves et renforts.

A moins de créer dans la métropole un corps de mercenaires, ce qui serait fort coûteux et en contradiction avec nos institutions, l'armée d'Afrique (infanterie légère, légion étrangère, turcos) peut seule fournir des réserves et des renforts composés d'hommes capables de résister au climat. Comme l'époque du rapatriement des 181 officiers et des 4.784 légionnaires, détachés au Tonkin, ne semble pas prochain, il y aurait lieu d'examiner si nous n'aurions pas avantage à créer en Algérie un troisième régiment destiné à assurer les relèves de l'Indo-Chine. Mais cette étude n'a rien d'urgent et nous avons intérêt à maintenir le *statu quo*, afin de ne pas compliquer l'œuvre de transformation de nos troupes coloniales, déjà si lourde,

Commandement.

Ces troupes seraient placées sous l'autorité du Ministre des Colonies assisté d'un chef d'état-major général. Cette création d'un troisième ministère militaire ne serait pas en contradiction avec la Constitution, car il s'agit de troupes coloniales tenant garnison à l'extérieur et possédant à peine dans la Métropole des dépôts qui pourraient même rester sous les ordres de la Guerre jusqu'au jour de l'embarquement des hommes.

Toute autre solution conduirait à l'anarchie, car si les agents civils et les militaires n'étaient pas soumis à un chef unique, en cas de conflits — et ils sont inévitables — les deux Ministres compétents soutiendraient parfois leurs subordonnés respectifs.

Dans les pays de domination, l'unité du commandement suprême est indispensable. Plutôt que d'y renoncer, mieux vaudrait laisser les Colonies à la Marine qui comprendrait alors trois services distincts :

La flotte et les arsenaux.

La défense des ports, des côtes et des colonies.

L'administration d'un domaine colonial plus grand que la France.

Quel est l'homme capable de diriger cette énorme machine, dont les rouages essentiels obéissent à des principes différents et souvent opposés?

COTE OCCIDENTALE D'AFRIQUE

Sénégal. — Soudan. — Rivières du Sud. — Congo.

Les Rivières du Sud et le Congo ne sont que des comptoirs dont la police sera assurée par des gardes civils.

Si un roitelet de la côte inquiète nos négociants, entrave leur commerce, brave notre autorité. Une petite expédition militaire, rapidement menée, infligera une sévère correction aux récalcitrants qui rentreront dans le devoir. Cette méthode de répression est préférable à l'entretien de troupes permanentes dont les hommes anémiés par le climat, obligés de se renfermer dans des postes fortifiés, en contact avec les natifs, ne tardent pas à perdre le prestige qui fait la principale force du blanc vis-à-vis du nègre.

Une partie notable des revenus de ces petits établissements devrait être annuellement prélevée afin de constituer une importante réserve, véritable caisse d'assurance qui permettrait de solder les dépenses des expéditions temporaires envoyées dans ces régions.

Notre petite colonie du Sénégal (155.000 habitants), placée sous le régime du droit commun, n'exigerait qu'une faible garnison si elle n'était pas obligée de fournir des colonnes mobiles destinées à assurer notre domination sur le Soudan français et le Fouta-Djallon. Progressivement, les effectifs ont été portés de 600 hommes à 4.500 hommes :

Infanterie de marine	650	hommes.
Artillerie de marine	250	—
Un régiment de tirailleurs sénégalais à 3 bataillons	1.800	—
Un régiment de tirailleurs soudanais à 2 bataillons.	1.200	—
2 escadrons de spahis	300	—
	4.430	hommes.

Notre programme consiste à pénétrer dans l'Afrique-Centrale à la fois par le Sud de l'Algérie et la côte occidentale.

Deux lignes ferrées sont en construction : le Transsaharien et le Sénégal-Niger.

Au Nord et à l'Est nous rencontrons le même adversaire : le fanatisme musulman. Dans nos deux possessions, c'est l'autorité militaire qui exerce le commandement et l'administration. Il serait donc rationnel pour donner à notre politique l'unité de direction indispensable au succès, de n'avoir qu'un corps d'officiers, de charger l'armée d'Algérie de fournir les cadres nécessaires au Soudan. Des communications postales régulières sont assurées et la distance d'Oran à Dakar n'exige qu'une traversée de sept jours. (550 lieues marines.)

RÉSERVES ET RENFORTS. — CORPS EXPÉDITIONNAIRES

Nous ne trouverons de réserves que là où nous entretenons des troupes susceptibles de faire la guerre sous les tropiques, c'est-à-dire en Indo-Chine, au Sénégal et en Algérie, corps spéciaux. Leur ensemble comprend :

Indo-Chine	3 régiments européens.	9	bataillons.
	1 régiment tirailleurs de Cochinchine	3	—
	3 régiments de tirailleurs tonkinois.	12	—
Sénégal	1 régiment tirailleurs sénégalais. . . .	3	—
	1 régiment tirailleurs soudanais. . .	2	—
	2 régiments de légion étrangère . . .	8	—
	4 régiments de tirailleurs algériens.	12	—
	5 bataillons d'infanterie légère (1). .	5	—
	Total.	54	bataillons.

Avec la navigation à vapeur et le télégraphe, la concentration des troupes empruntées aux diverses possessions ne présenterait aucune difficulté sérieuse et n'exigerait pas plus d'un mois. Ce corps expéditionnaire n'aurait pas la même cohésion que des régiments français. Mais il s'agit de guerres coloniales dans lesquelles l'honneur du drapeau n'est pas engagé et ne doit pas l'être.

Les Anglais suivent cette méthode et s'en sont toujours bien trouvés.

---

(1) Versement à la Guerre des compagnies de discipline de la marine.

SERVICE MÉDICAL ET PHARMACEUTIQUE

Quelle que soit l'organisation adoptée, le service de santé des Colonies, composé de praticiens expérimentés suffira largement à tous les besoins, il comprend :

Médecin inspecteur	1
Médecin en chef de 1re classe	1
Médecins en chef de 2e classe	6
Médecins principaux	17
Médecins de 1re classe	60
Médécins de 2e classe	23
Total	108

Pharmacien en chef	1
Pharmaciens principaux	2
Pharmaciens de 1re classe	9
Pharmaciens de 2e classe	11
Total	23

Les uns seront affectés au service colonial, les autres entreront dans le corps d'armée indo-chinois ou passeront au Département de la Guerre.

INTENDANCE ET COMMISSARIAT

L'effectif est considérable ; il comprend :

Commissaires généraux	2
Commissaires	8
Commissaires adjoints	22
Sous-Commissaires	50
Aides-Commissaires	50
Total	132

Pour la France entière, l'Algérie et la Tunisie, le corps de l'Intendance ne compte que 311 officiers.

Les auxiliaires du Commissariat sont également très nombreux :

Agents	128
Comptables et magasiniers	214
Total.	342

Nous n'étudierons pas les deux méthodes d'administration qui sont diamétralement opposées. C'est une question à réserver.

Provisoirement, le plus sage sera de maintenir le *statu quo* afin de ne pas compliquer la transformation militaire déjà fort lourde.

RÉSUMÉ

Les garnisons coloniales seraient formées de la façon suivante :

Aux Antilles et à la Guyane. — Un régiment français recruté sur place avec cadres envoyés de France.

A la Réunion et à Diégo-Suarez. — Un régiment constitué dans les mêmes conditions dont le 3ᵉ bataillon serait indigène.

A la Nouvelle-Calédonie. — Un bataillon détaché de l'armée nationale et composé de volontaires pris dans le contingent.

Au Sénégal et au Soudan. — Rattachement à l'armée d'Algérie.

En Indo-Chine. — Une armée locale avec officiers sortant de l'armée française et n'y pouvant rentrer.

Sous-officiers et soldats rengagés.

La gendarmerie continuerait à être détachée de l'armée française.

En ce qui touche l'artillerie, il y aurait avantage à suivre le même système et nous ne croyons pas que cette mesure présente de sérieuses difficultés.

Puisque le Département de la Guerre avec un effectif de 738 officiers et de 25.127 gendarmes ou gardes républicains peut fournir aux colonies 24 officiers et 857 hommes soit 3,3 0/0, on est en droit de penser que sur 6.079 officiers d'artillerie et 88.000 hommes, il n'y aura aucune difficulté insurmontable à détacher 199 officiers et 2.250 hommes, soit une proportion de 3 0/0. Ajoutons qu'il serait aisé de réduire le nombre des officiers et de remplacer le quart de la troupe par des indigènes et des ouvriers civils.

L'Infanterie de marine serait versée à la Guerre et constituerait le 20e corps dont une brigade en Algérie pour remplacer les troupes de la réserve, si elles étaient mobilisées.

Dans les comptoirs — Obock, Pondichéry, Tahiti, Rivières du Sud, Congo — la sécurité serait assurée par des forces de police indigènes, avec cadres européens, tous ces postes reliés télégraphiquement peuvent être rapidement secourus, en cas de rébellion, par un corps expéditionnaire.

Le Ministre des Colonies administrerait les Antilles, la Guyane, la Réunion, la Nouvelle Calédonie, exercerait au Sénégal les mêmes attributions que le Ministre de l'Intérieur, dans le Sud Algérien, gouvernerait les Comptoirs, et remplirait en Indo-Chine, un rôle identique à celui du Secrétaire d'Etat des Indes Britanniques.

Ce projet n'a pas la belle ordonnance des lois françaises si claires, si rationnelles, dont la synthèse se dégage d'elle-même. Mais avec des colonies qui varient à l'infini dans leurs éléments constitutifs : civilisation, religion, mœurs, langage, climat, production, culture, législation, régime politique et économique, il est matériellement impossible de trouver une organisation unique qui satisfasse aux besoins multiples de ces différents peuples. Celles que nous proposons ont tout au moins le mérite d'être pratiques, et de tenir compte des milieux, de ne pas entraîner d'accroissement de dépense, au contraire. Elles augmentent notre force militaire coloniale et métropolitaine, nous permettent de sérier les solutions au lieu d'engager une réforme générale qui nous conduirait certainement à la confusion.

Le tableau suivant donne la composition des cadres et la répartition des officiers :

INFANTERIE

EMPLACEMENTS	CORPS	Généraux de division.	Généraux de brigade.	Colonels.	Lieutenants-colonels.	Chefs de bataillon.	Capitaines.	Lieutenants et sous-lieutenants.
France	État-Major du 2e corps	3	4	1	1	3	12	»
France	8 régiments d'infanterie à 4 bataillons	»	»	8	8	40	168	256
	1 bataillon d'infanterie	»	»	»	»	1	6	12
Antilles, Réunion.	2 régiments à 6 bataillons	»	»	2	2	8	32	50
Sénégal	1 bataillon européen	»	»	»	»	1	6	12
Sénégal	2 régiments à 5 bataillons	»	»	2	2	1	29	44
Nouvelle-Calédonie	1 bataillon européen	»	»	1	»	1	6	12
Nouvelle-Calédonie	Recrutement	»	»	»	»	»	4	3
France	État-Major du Ministre	»	1	»	1	1	4	»
Indo-Chine	État-Major de l'Indo-Chine	1	3	»	1	4	10	»
Indo-Chine	3 régiments à 8 bataillons	»	»	3	3	11	46	70
Indo-Chine	Majoration	»	»	»	»	3	10	18
Indo-Chine	4 régiments indigènes à 15 bataillons	»	»	4	4	19	83	128
Indo-Chine	Majoration	»	»	»	»	4	20	30
TOTAL		4	8	21	22	97	436	635
Effectifs actuels		3	5	15	29	97	412	783
En plus sur l'effectif actuel		+ 1	+ 3	+ 6	»	»	+ 24	»
					+ 34			
En moins		»	»	»	— 7	»	»	148
					— 155			
En moins : officiers					— 121			

Nombre d'Européens, sous-officiers et soldats des troupes blanches ou indigènes :

Antilles cadres	150
Sénégal troupe, 1 bataillon	600
Sénégal, 20 compagnies	140
Indo-Chine	8.000
Indo-Chine, 60 compagnies	500
Artillerie	2.250
Gendarmerie	857
Total	12.497

Mais déjà le recrutement régulier de la gendarmerie est assuré, ainsi que celui de 650 sous-officiers rengagés. Il reste au maximum à trouver 11.000 hommes, soit en admettant un séjour minimum de trois ans, 3.666 hommes par an.

M. Cavaignac et M. Burdeau ont déclaré que les ressources annuelles étaient de 4 à 5.000 hommes. Il y a donc surabondance.

PROJET DE LOI

SUR LA

DÉFENSE DES COLONIES

TITRE PREMIER

Dispositions générales.

ARTICLE PREMIER. — Les jeunes soldats du contingent, ne sont pas astreints à servir aux Colonies.

TITRE II

Antilles. — Guyane. — Réunion. — Diégo-Suarez. — Mayotte. Comores et Nossi-Bé.

ART. 2. — Il est formé aux Antilles, un régiment de ligne à 3 bataillons, dans lequel seront incorporés les contingents de la Martinique, de la Guadeloupe et de la Guyane. Ces troupes seront affectées à la défense des trois Colonies.

ART. 3. — Il est formé à la Réunion un régiment de ligne à 3 bataillons. Dans les deux premiers bataillons, seront incorporés les contingents de la Réunion. Le 3ᵉ bataillon sera composé d'indigènes recrutés dans nos possessions de la mer des Indes.

ART. 4. — Les dispositions du chapitre 3 de la loi du 15 juillet 1889, « du service dans la réserve », sont applicables aux colonies sus-dénommées.

TITRE III

Nouvelle-Calédonie.

Art. 5. — Il est adjoint au 10ᵉ régiment du 15ᵉ corps 2 bataillons à 5 compagnies, formés de volontaires du contingent, qui assureront la garnison de la Nouvelle-Calédonie. L'un des bataillons stationnera en France, l'autre dans la colonie.

TITRE IV

Possessions de la côte occidentale d'Afrique.

Art. 6. — Le 19ᵉ corps (Algérie) fournira à nos établissements :

1 bataillon d'infanterie européenne ;
Les cadres de deux régiments de tirailleurs à 3 et à 2 bataillons ;
Les cadres de 2 escadrons de spahis.

Art. 7. — Les sous-officiers et soldats européens de ces différents corps seront recrutés dans les conditions prévues aux articles 12, 13 et 14 de la présente loi.

TITRE V

Indo-Chine.

Art. 8. — Les troupes de l'Indo-Chine forment un corps d'armée spécial et autonome, placé sous l'autorité du Ministre des Colonies.

Art. 9. — Les officiers sont régis par la loi de 1834, sur l'état des officiers.

Art. 10. — Les officiers qui voudront entrer dans le corps d'armée de l'Indo-Chine devront être âgés de 24 ans au moins et de 27 ans au plus. Après un stage de trois années, ils devront justifier de la connaissance de la langue annamite ; faute de le faire, ils seront remis à la disposition du Département de la Guerre.

Art. 11. — La retraite est acquise à 40 ans d'âge, après vingt ans de services, dont dix au moins passés effectivement en Indo-Chine.

Les officiers comptant dix ans de grade dont sept au moins passés effectivement en Indo-Chine, jouiront de la retraite du grade supérieur.

Art. 12. — Les sous-officiers rengagés qui voudraient entrer dans le corps d'armée de l'Indo-Chine devront être âgés de 24 ans au moins et de 27 ans au plus.

Art. 13. — Après quinze ans de service dont six au moins passés effectivement dans la colonie, ils auront droit à une pension proportionnelle de retraite égale au 15/20 du minimum de la pension de leur grade.

S'ils comptent huit années de séjour dans le même grade, ils auront droit à la totalité de la pension minimum.

Art. 14. — Les caporaux et soldats français du corps d'armée de l'Indo-Chine seront recrutés par voie d'engagement volontaire pour une période de trois années, non comprise la durée du voyage, aller et retour, moyennant une prime et une haute paye.

Ils seront admis à contracter un second engagement après un repos de une année en France.

Ils devront, lors de leur premier engagement, être âgés de vingt-quatre ans au moins et de vingt-neuf ans au plus.

Art. 15. — Ils pourront devenir sous-officiers.

TITRE VI

Gendarmerie. — Artillerie. — Génie.

Art. 16. — Le Département de la Guerre fournira la gendarmerie, l'artillerie et le génie, nécessaires à la défense des colonies.

Art. 17. — Les sous-officiers seront des rengagés ; ils bénéficieront des dispositions prévues à l'article 13 pour les retraites proportionnelles.

Art. 18. — Les caporaux, brigadiers et soldats seront recrutés par engagements volontaires dans les conditions prévues à l'article 14.

TITRE VII

Administration. — Service de santé.

ART. 19. — Provisoirement, le Département des colonies continuera à administrer les troupes et à assurer le service de santé.

TITRE VIII

Renforts. — Corps expéditionnaires coloniaux.

ART. 20. —Les renforts à envoyer aux Colonies seront fournis par les troupes spéciales de l'Algérie et des diverses possessions d'outre-mer.

TITRE IX

Troupes de la marine.

ART. 21. — Les troupes de la Marine, artillerie et infanterie, passeront sous l'autorité du Ministre de la Guerre et feront partie de la défense nationale.

ART. 22. — A la formation du corps d'armée de l'Indo-Chine, les emplois vacants seront accordés de préférence aux officiers d'infanterie de marine qui en feront la demande, sans qu'ils aient à justifier de la connaissance de la langue annamite.

ART. 23. — Les officiers profiteront des dispositions prévues à l'article 10 sur les pensions de retraite. Il leur sera tenu compte, au même titre, des années de service passées au Sénégal et à Madagascar.

TITRE X

Dispositions spéciales et transitoires.

ART. 24. — Des règlements d'administration publique régleront les questions d'administration, de discipline et de préséance.

Art. 25. — La loi de finances fixera annuellement la valeur des primes de rengagement et d'engagement.

Art. 26. — Les dispositions de la présente loi devront être ramenées à exécution dans une période de cinq années.

Art. 27. — A l'avenir, il ne sera plus créé de corps coloniaux qu'en vertu d'une loi.

Art. 28. — Sont abrogées toutes les dispositions contraires à la présente loi

Paris. — Imprimerie P. Mouillot, 13, quai Voltaire, 13. — 57298.